NOUVELLES

OBSERVATIONS

DE M. BOSSANGE PÈRE,

RELATIVES AU PRÊT FAIT A LA LIBRAIRIE;

SUIVIES

DU CATALOGUE DES LIVRES

DONNÉS EN NANTISSEMENT.

PARIS.
IMPRIMERIE DE FIRMIN DIDOT FRÈRES,
RUE JACOB, N° 24.
1833.

A MM. LES MEMBRES DE LA CHAMBRE DES DÉPUTÉS.

MESSIEURS,

Dans le cours de la dernière session, j'ai eu l'honneur de vous soumettre quelques observations relatives *au prêt sur nantissement* qui a été fait à la Librairie par le Gouvernement.

J'y ai joint une statistique des bibliothèques en France, qui offre pour résultat :

1° Que dans les départements, 195 villes seulement ont des bibliothèques publiques, et qu'elles contiennent ensemble 2,600,000 volumes; ce qui, comparé à la population des départements (31,000,000 d'ames), donne la proportion *d'un seul volume pour quinze habitants.*

2° Que la ville de Paris possède cinq bibliothèques publiques qui contiennent 1,378,000 volumes, c'est-à-dire, *trois volumes pour deux habitants.*

3° Enfin, qu'en France 822 villes de 3,000 à 18,000 ames ne possèdent AUCUNE BIBLIOTHÈQUE PUBLIQUE.

Ce dernier fait parle trop haut pour qu'il soit nécessaire de prouver par d'autres raisonnements combien il est urgent, dans l'intérêt du pays, d'appeler l'attention de tous, sur la nécessité de fonder des bibliothèques, dont l'établissement est si intimement lié aux progrès des lumières, et dont l'opportunité est suffisamment démontrée par le seul fait de la promulgation de la loi, depuis si long-temps attendue, sur l'instruction primaire.

Personne ne doute de l'empressement que mettrait le Gouvernement à satisfaire ce besoin si généralement senti, s'il pouvait le faire sans demander des allocations de fonds, et augmenter ainsi les charges publiques au moment où tous les efforts doivent tendre à les alléger. Une occasion se présente de le faire sans surcharge pour le trésor, et il n'hésite pas à la saisir.

La Librairie a reçu du Gouvernement un secours de 1,284,000 francs, et pour garantir ce prêt elle a déposé en nantissement pour 3,700,000 fr. de marchandises. Le moment du remboursement est venu. La Librairie, qui souffre plus depuis trois ans qu'elle n'a jamais souffert même pendant les guerres de l'empire, se trouve dans l'impossibilité de s'acquitter.

Si le ministère, se renfermant dans la stricte observation de ses devoirs, fait exécuter la vente du gage déposé, il arrivera, d'une part, que le résultat en sera ruineux pour le Gouvernement, et de l'autre, que cette masse de marchandises, jetée soudainement et à vil prix sur la place, paralysera pour long-temps un commerce déja si malheureux. Exposée au double danger de la perte de son dépôt et de la dépréciation des marchandises qui lui resteront, la Librairie, réduite à faire le choix, consent à l'abandon de son gage, moyennant quittance définitive. Elle y trouvera au moins cet avantage que cette masse immense de livres, placée à tout jamais dans les bibliothèques publiques, ne viendra pas la menacer d'une concurrence contre laquelle toute lutte serait impossible. Le mal aura une limite connue.

La position est donc des plus simples. En profitant de l'offre que fait le commerce de la Librairie, le pays acquerra pour la somme de 1,284,000 f. des ouvrages d'une valeur trois fois plus forte de 3,700,000 fr.; et il lui aurait fallu dépenser toute cette somme, car il est sans exemple, et il ne faut rien moins que cette déplorable circonstance, pour que le Gouvernement puisse acquérir *à perte pour les vendeurs*. Il est vrai qu'il s'agit ici d'emprunteurs sur gage qui abandonnent ce qu'ils ne peuvent racheter au jour fixé par le contrat.

C'est dans cet état de choses que les honorables MM. Laffitte et Dumeylet ont proposé, sous forme d'amendement à la loi des recettes, que le trésor fût autorisé à porter en dépense ce qui n'était porté que pour mémoire en recettes à faire, et par contre à faire figurer la masse des marchandises déposées comme propriété acquise par l'État. C'était pour ainsi dire une simple régularisation d'écritures.

La Chambre a rejeté cette proposition. Le sentiment qui a prévalu a été qu'il y avait inopportunité, et qu'une semblable décision ne pouvait être prise que sur un projet de loi spécial.

Après avoir examiné de nouveau la question, en avoir apprécié tous les avantages pour l'État, et calculé d'avance toutes les funestes conséquences que pouvait entraîner le rejet de l'offre faite par les débiteurs, le Gouvernement s'est décidé à prendre l'initiative.

Bien que je n'aie pas la prétention de lui offrir mon faible concours, et justement parce que je suis tout-à-fait désintéressé dans la question, je crois devoir m'adresser de nouveau à la Chambre pour lui soumettre quelques courtes explications qui me paraissent indispensables, d'abord pour réfuter l'allégation d'un honorable orateur, et ensuite pour définir, nettement une difficulté qui n'avait été que prévue, et dont je puis aujourd'hui offrir la solution.

Sans doute, une opinion soudaine et développée dans la chaleur d'une improvisation ne saurait avoir plus de portée qu'un orateur n'a voulu lui en donner, mais quand elle est recueillie par le journal officiel et reproduite par tous les journaux d'Europe, elle grandit de toute la hauteur de la publicité, et ne pas y répondre quand elle est sinon injurieuse, au moins préjudiciable à l'honneur et à la loyauté de toute une classe de citoyens, serait la reconnaître comme fondée et se résigner à un blâme qui n'est pas mérité.

Un honorable député, tout en avouant qu'il n'avait pas la moindre connaissance des livres déposés, a déclaré qu'il était convaincu que dans ces millions d'ouvrages *il y avait beaucoup de* DROGUES *dont on ne pourrait rien faire.*

Comme on pourrait conclure de ces paroles que le commerce, qui devait bien connaître la valeur de ce qu'il possédait, aurait offert une *garantie illusoire*, la Librairie tout entière proteste par ma voix contre une imputation qu'elle regarderait comme injurieuse à son honneur, et pour détruire formellement cette sorte d'accusation, je m'empresse de mettre sous vos yeux la liste des ouvrages déposés.

Et puisque l'honorable député s'est servi d'une de ces expressions qui sont en usage dans le style familier du commerce, qu'il me soit permis d'expliquer qu'on appelle *drogues* tout ouvrage imprimé en si grand nombre et par tant de Libraires à la fois, que la fabrication ayant excédé outre mesure toutes les possibilités de consommation, la vente en devient très-difficile et par conséquent la valeur presque nulle. Mais en revanche aussi, il se trouve toujours que ces ouvrages sont ceux dont le pays s'enorgueillit le plus, car c'est justement parce qu'ils sont considérés comme les meilleurs que chacun a pensé à les imprimer. C'est donc à des génies comme *Voltaire*, *Rousseau*, *Montesquieu*, *Corneille*, *Molière*, *Buffon* et tant d'autres que reviendrait la qualification reproduite par le Moniteur. Ils la partageraient avec nos illustrations modernes, qui figurent à côté d'eux sur la liste que je vous présente.

J'ajouterai à l'honneur de mon pays et à la louange de la moralité d'un commerce que j'ai exercé pendant quarante ans, que la France est le pays où on a publié le moins de ces livres qui pourraient être qualifiés comme l'a fait l'honorable député, et j'en atteste cet empressement avec lequel le monde entier recherche les ouvrages français. Il n'est pas une seule partie du globe qui n'ait été tributaire de notre commerce; tous les pays cependant ne jouissent pas de la liberté illimitée de la presse, et les ouvrages qui sont à l'index sont presque tous des pamphlets de circonstance. Je puis dire hardiment que dans ceux dont il est question ici pas un seul n'y figure.

Le commerce de la Librairie espère que l'honorable député qui a usé de son droit en combattant l'amendement proposé, reconnaîtra l'erreur de son allégation.

Il se présente une difficulté plus sérieuse. Il y a dans le dépôt une très-grande quantité d'exemplaires des mêmes ouvrages. Il fallait obtenir que la Librairie consentît à les échanger contre des assortiments complets. Cet échange ne peut lui être profitable, car les libraires dont les livres ne se trouvent pas au dépôt sont justement ceux qui, ayant pu résister à la crise commerciale, ont su préserver leurs marchandises de toute dépréciation commerciale, et cependant ils se sont rendus avec empressement à l'appel que je leur ai fait au nom des départements de France. C'est une preuve de plus de leur amour pour le pays, et on sait que ce n'est pas seulement par des sacrifices de ce genre que la Librairie et l'Imprimerie ont mérité qu'on écoutât leur voix quand ils s'adressent à une Chambre.

Je n'ai plus qu'un seul mot à dire, et j'y appelle d'autant plus votre attention que chacun de vous, Messieurs, pourra en constater la vérité dans son département; c'est que l'espèce d'abandon dans lequel on a laissé les bibliothèques publiques depuis trente ans, fait que les ouvrages dont elles manquent sont précisément ceux qui ont été imprimés dans cet intervalle et qui figurent sur le catalogue que j'ai l'honneur de vous soumettre.

BOSSANGE père.

CATALOGUE DES LIVRES

DONNÉS EN GARANTIE AU GOUVERNEMENT

PAR LA LIBRAIRIE DE PARIS.

MORALE RELIGIEUSE.

ANECDOTES chrétiennes; 2 vol. in-12, fig.
BEAUTÉS du Christianisme; 1 vol. in-12, fig.
BOSSUET. Oraisons funèbres; 4 vol. in-8, figures. Très-belle édition.
BOURDALOUE. Exhortations; 2 vol. in-12.
FLÉCHIER. Ses œuvres, 10 vol. in-8.
FLÉCHIER et BOSSUET. Choix d'Oraisons funèbres; 4 vol. in-8.
GUÉNÉE (l'abbé). Lettres de quelques juifs à M. de Voltaire; 4 vol. in-12.
MASSILLON. Sermons; 15 vol. in-12.
LHOMOND. Histoire de l'Église; 1 vol. in-12.

JURISPRUDENCE MODERNE.

BAVOUX. Traité des Conflits; 2 vol. in-4.
BIRET. Procédure complète des justices de paix, 1 vol. in-12.
BOULAY-PATY. Traité des faillites et banqueroutes; 2 vol. in-8.
BOURGUIGNON, Jurisprudence des Codes criminels; 3 vol. in-8.
— Manuel d'Instruction criminelle; 3 vol. in-8.
CARRÉ, Lois de la Procédure civile; 3 vol. in-4.
DAUNOU. Garanties individuelles; in-8.
DECOURDEMANCHE. Du danger de prêter sur hypothèques; 1 vol. in-8.
DESROCHETTES. Esprit de la jurisprudence inédite du conseil d'État; 2 vol. in-8.
DUFAU, DUVERGIER et GUADET. Collection des constitutions, chartes et lois fondamentales des peuples; 6 vol. in-8, cartes.
DURANTON. Traité des contrats et obligations; 4 vol. in-8.
FAVARD-LANGLADE. Répertoire du Notariat; 2 vol. in-4.
GALLOIS (Léonard). Histoire de l'Économie politique en Italie; in-8.
HUGO. Histoire du droit romain; 2 vol. in-8.
LACRETELLE. Éloquence judiciaire; 3 vol. in-8.
LEPAGE. Éléments de la science du droit; 2 vol. in-8.
LOISEAU. Traité des enfants naturels; 1 vol. in-8.
MANUEL de la contrainte par corps; 1 vol. in-18.
MERLIN. Répertoire de jurisprudence et Questions de droit; 26 vol. in-4.

Supplément aux Questions de droit; 3 vol. in-4.

Ordonnances de marine; 1 vol. in-8.

PAILLET, Les cinq Codes annotés; 1 vol. in-12.

PIGEAU, Commentaire sur le Code de procédure civile; 2 vol. in-4.

POTHIER, Ses œuvres, revues par Dupin aîné; 11 vol. in-8.

RAYNOUARD, Du droit municipal; 2 vol. in-8.

ROSSI, Traité du droit pénal; 3 vol. in-8.

PHILOSOPHIE.

BENJAMIN-CONSTANT, La Religion; 5 vol. in-8.

CABANIS, Ses œuvres; 5 vol. in-8, pap. vél.

CHAMPFORT, Ses œuvres, publiées par Auguis; 5 vol. in-8.

DESCARTES, Ses œuvres complètes, traduites par Cousin; 11 vol. in-8, planches.

FELETZ, Mélanges de philosophie; 6 vol. in-8.

LABRUYÈRE, Ses œuvres; 2 vol. in-8.

LOCKE, Ses œuvres philosophiques; 7 vol. in-8.

MABLY, Ses œuvres complètes; 24 vol. in-18.

PROCLII. Philos. Platonici opera. Auctore Cousin; 6 vol. in-8.

REID (Thomas). Ses œuvres complètes; 5 vol. in-8.

SÉNÈQUE. Ses œuvres philosophiques; 8 vol. in-8.

SCIENCES POLITIQUES.

ALKI, Économie politique, 2 vol. in-8°.

Atlas commercial; 11 tableaux in-plano.

CESSARD (de), Travaux hydrauliques; 2 vol. in-4°, fig.

Economie politique morale; 2 vol. in-8.

GANILH, Du pouvoir et de l'opposition; 1 vol. in-8.

HAGEAU, Description du canal de la Meuse, 1 vol. in-4.

GORANI, Recherches sur la science des gouvernements; 2 vol. in-8.

HERENSCHWAND, Économie politique de l'espèce humaine; in-8.

ISAMBERT, Annales politiques; 4 vol. in-8.

LANGLÈS, Instituts politiques et militaires de Timour, traduits du mogol sur la version persane d'Abou-Taleb-Al-Hosseim, 1 vol. in-8.

MAFFEI, Emploi (de l') de l'argent, traduit de l'italien; 1 vol. in-8.

NECKER, Ses œuvres; 15 vol. in-8.

PITT et FOX, Recueil de leurs discours, 12 vol. in-8.

PRADT (de), Statistique des libertés de l'Europe en 1829; 1 vol. in-8.

RAVINET, Dictionnaire hydrographique de la France; 2 vol. in-8.

Recueil des discours prononcés à la tribune, sessions 1815-1828; 13 volumes in-18.

SAY, Économie politique; 3 vol. in-8.

CHIMIE, PHYSIQUE, HISTOIRE NATURELLE, AGRICULTURE.

BEUDANT. Voyage minéralogique et géologique en Hongrie; 3 vol. in-4, et atlas.
BIOT et ARAGO. Entretiens sur la Physique; 1 vol. in-12, fig.
Botanique du droguiste, traduit de l'anglais, par Pelouze; 1 vol. in-12.
BRARD, Minéralogie appliquée aux arts; 3 vol. in-8.
BUCHOZ. Flore des environs de Paris, 2 vol. in-8.
CASSINI. Opuscules phytologiques, 2 vol. in-8.
Collection du Journal des mines, années 1811 à 1815; 10 vol. in-8.
Description géologique de la France, in-8.
Description géologique de la Grèce, in-8.
DESMAREST. Traité de Chimie, 1 vol. in-12.
— Traité des falsifications, 1 vol. in-12.
DRAPIEZ. Minéralogie usuelle, 1 vol. in-12.
Entretiens sur la chimie, 1 vol. in-12.
FARADAY. Manipulations chimiques, trad. de l'anglais par Maiseau; 2 vol. in-8.
FORSYST. Culture des arbres fruitiers, traduit de l'anglais par Pictet; in-8, fig.
GAY-LUSSAC. Cours de chimie végétale; 2 vol. in-8.
GEOFFROY. Histoire naturelle des mammifères, 1 vol. in-8.
HAUY. Traité élémentaire de physique, 2 vol. in-8, fig.
— Traité de minéralogie; 4 vol. in-8, et atlas.
— Traité de Cristallographie, 2 vol in-8.
— Entretiens sur la Minéralogie; 1 vol. in-12.
HUMBOLDT (de). Essai géognostique sur le gisement des roches, 2e édition; 1 vol. in-8.
JAUME St.-HILAIRE. Flore et Pomone françaises; 2 vol. in-fol. fig. color.
Le même ouvrage; 2 vol. in-4, fig. coloriées.
KUNTH. Synopsis plantarum; 4 vol. in-8.
LACÉPÈDE. Histoire naturelle des poissons et des cétacées; 6 vol. in-4, fig.
— La même; 13 vol. in-12, fig.
LAUGIER. Cours élémentaire de chimie; 3 vol. in-8.
MERAULT. Art du jardinier, 1 vol. in-12.
Métallurgie pratique, par D. F. 1 vol. in-12.
PLAYFER. Essai sur la théorie de la terre traduit par Basset; 1 vol. in-8.
PLINE. Histoire naturelle; 12 vol. in-4.
RISSO. Histoire naturelle; 5 vol. in-8.
ROUSSEAU (J. J.) Sa Botanique; 1 vol. grand in-4, fig. color.
Traité de culture rurale; 2 vol. in-12.
TUSSAC Flore des Antilles; 4 vol. grand in-folio, fig. color.

MEDECINE, CHIRURGIE.

ALIBERT, Traité des maladies de la peau, 12 livraisons in-f° avec planches.
BONNET, Traité des maladies du foie, in-8°.
BOURGUERY, Traité de petite chirurgie, in-8.
CHEVREUIL, Considérations générales sur l'analyse organique, 1 vol. in-8.

DUCROTAY DE BLAINVILLE. Cours de physiologie générale et comparée, 2 vol. in-8.
— Cours de physiologie générale et comparée, 40 livraisons in-f°.
DURINGE. Monographie de la goutte, et découverte des moyens de la guérir; 3e édit., in-12.
LACHAISE. Précis sur la courbure de la colonne vertébrale, in-8.
MAYGRIER. Nouvelles Démonstrations d'accouchements, grand in-f°; 90 planches (en espagnol).
MECKEL. Traité général d'anatomie comparée, 4 vol. in-8.
PORTAL. Observations sur la nature et sur le traitement du rachitisme ou des courbures de la colonne vertébrale, in-8.
PRÉCIS analytique du système du docteur Gall, in-18.
SIMON. Traité d'hygiène appliquée à l'éducation de la jeunesse; 1 vol. in-8.

SCIENCES MATHEMATIQUES.

BERTHOUD. Histoire de la mesure du temps, 2 vol. in-4.
BEZOUT. Arithmétique, revue par Peyrard, 1 vol. in-8.
FERUSSAC (de). Bulletin universel des Sciences et de l'Industrie, 6 années complètes, 270 vol. in-8.
BURCHARDT. Table des divisions des nombres, 1 vol. in-4.
CONDILLAC. Langue des calculs, 2 vol. in-18.
CONDORCET. Essais sur l'analyse des probabilités, 1 vol. in-4.
DUCHESNE (E.). Éléments de géométrie descriptive, 1 vol. in-8, planches.
EUCLYDE. Ses œuvres, traduites par Peyrard, 3 vol. in-4.
FRANCOEUR. Éléments de statique, 1 vol. in-8.
GARNIER. Traité du calcul intégral, 1 vol. in-8.
GRANDPRÉ (le comte de). Répertoire polyglotte de la marine, 2 vol. in-8.
GUY. Art du géomètre arpenteur, 1 vol. in-12.
LAGRANGE. Fonctions analytiques, 1 vol. in-4.
— Mécanique analytique, 2 vol. in-4.
— Résolutions des équations, 1 vol. in-4.
LALANNE. Arithmétique à l'usage des élèves de la Flèche, 1 vol. in-8.
LENCELIN. Analyse des sciences, 3 vol. in-8.
LENOIR. Calculs faits à l'usage des industriels, 1 vol. in-12.
THEVENAU. Arithmétique du commerce, 1 vol. in-8.

ARTS ET METIERS.

ALBERT ALBREST. Art de l'ébéniste, 1 vol. in-12.
BERGUES. Art du teinturier, 1 vol. in-12.
BASTENAIRE D'AUDEN. Art de fabriquer la porcelaine, 2 vol. in-12.
— Art de fabriquer la faïence. 1 vol. in-12.

CHANDELET. Art du raffineur, 1 vol. in-12.

CROOS (de). Des savons solides, 1 vol. in-8.

DECKER. Traité élémentaire d'artillerie, trad. de l'allemand par Ravichio de Peretsdorff et Nancy, 1 vol. in-8.

ESMOND (d'). L'esprit de l'homme de guerre, ou Essai moral historique et théori-pratique sur l'art militaire, 1 vol. grand in-8, planches.

EVANS. Guide du meunier, trad. de l'anglais, par Benoist de Saint-Denis, 1 vol. in-8.

GROUVELLE ET JAUNEZ. Guide du chauffeur, 1 vol. in-8.

Guide du vétérinaire, trad. de l'angl., par Berger, 1 vol. in-12.

HAMON. Art de chauffer, 1 vol. in-8.

Histoire descriptive de la filature et du tissage du coton, traduit de l'anglais, par Maiseau, 1 vol. in-8.

ISABEAU. Guide manuel de l'épicier-droguiste, 1 vol. in-12.

JAUZE. Cours de maréchalerie vétérinaire, 1 vol. in-4, fig.

LENORMAND. L'art du dégraisseur, 1 vol. in 12.

LEPAGE. Art du charpentier, 1 vol. in-12.

LEUCHS. Traité complet des matières tinctoriales et des couleurs, traduit de l'allemand par Péclet, 2 vol. in-8.

PÉCLET. Traité de l'éclairage, 1 vol. in-8.

PELOUSE. Art du maître de forges, 2 vol. in-12.

— Art du briquetier, 1 vol. in-12.

STUART. Histoire descriptive de la machine à vapeur, traduite de l'anglais; 1 vol. in-8.

Traité sur l'art de faire de bons mortiers, 1 vol. in-8.

VILFORT. Traité de cavalerie, 2 vol. in-f°.

BEAUX-ARTS.

ADAM. Chevaux et animaux; suite de lithographies, 24 planches.

Les mêmes planches, sur pap. de Chine.

BOUILLON. Musée des antiques, 48 livraisons in-f°, avec planches.

CHABERT. Galerie des peintres, composée de portraits, copiés de dessins, etc. et de notices, 33 livraisons in-f°.

ISABEAU. Perspective pratique, 1 vol. in-12.

JARRY DE MANCY (Mme.). Le dessin d'après nature et sans maître, in-f° et planches.

KÉRATRY. Examen du sublime et du beau, in-8.

LANDON. Annales du Musée, 21 vol. in-8, figures.

MESNIL (Mme Alexandre). Études élémentaires du paysagiste, 2 cahiers in-4, planches.

VATOUT. Galerie du Palais-Royal, 2 vol. grand in-f° planches.

WINKELMANN. Traité de l'allégorie, 2 vol. in-8.

2

LANGUES, GRAMMAIRES, DICTIONNAIRES.

BRAUN. Dictionnaire français-allemand, 2 vol. in-16.
Dictionnaire de l'Académie française, 2 vol. in-fol.
Dictionnaire de Trévoux, 8 vol. in-f°.
LANGLÉS. Dictionnaire tartare-mantchou-français, 3 vol. in-4.
MAUDRU. Éléments de la grammaire russe, 2 vol. in-8.
MONBRIAL. Dictionnaire français et latin, 1 vol. in-32.
RICHELET. Dictionnaire de la langue française, 2 vol. in-8.
ROQUEFORT. Dictionnaire étymologique de la langue française, 2 vol. in-8.
Vocabulaire algérien, 1 vol. in-16 oblong.
WAILLY. Abrégé de la grammaire française, 1 vol. in-12.

LITTERATURE.

ALFIERI. Ses œuvres; 4 vol. in-8.
AUGER (l'abbé). Harangues tirées d'Hérodote, de Thucydide, de Xénophon, etc., traduites en français; 2 vol. in-8.
BATTEUX. Principes de littérature; 6 vol. in-12.
BERNARD. Ses œuvres choisies; 1 vol. in-8.
BRUMOY. Théâtre grec; 9 vol. in-32.
BYRON (lord). Ses œuvres, traduites en français; 4 vol. in-8.
CHATEAUBRIAND. Ses œuvres choisies, contenant :
Itinéraire de Paris à Jérusalem; 2 vol. in-8. Pap. vélin.
Génie du Christianisme; 3 vol. in-8. Pap. vélin.
Les Martyrs; 2 vol. in-8. Pap. vélin.
Atala.-René; 1 vol. in-8. Pap. vélin.
Les Natchez; 1 vol. in-8. Pap. vélin.
Voyages en Amérique; 1 vol. in-8. Pap. vélin.
CICÉRON. Ses œuvres, trad. par Levée; 31 vol. in-8.
Les mêmes, traduites par Leclerc; 36 vol. in-18.
Collection complète des Classiques français et étrangers, imprimée par Didot. 220 vol. in-18,
COLLIN D'HARLEVILLE. Ses œuvres; 4 vol. in-8.
CORNEILLE (Thomas). Ses œuvres; 2 vol. in-8.
CREBILLON. Ses œuvres; 2 vol. in-8, fig.
DELAVIGNE. Classiques latins exigés pour le baccalauréat, traduction française et texte en regard; 24 livraisons in-18.
DELILLE. L'Imagination, poëme; 2 vol. in-18.
DIEUDONNÉ-THIÉBAULT. Traité du style; 2 vol. in-8.
DUBOIS FONTANELLE, Cours de belles-lettres; 4 vol. in-8.
DUVAL (Alexandre). OEuvres; 9 vol. in-8, imprimés par Didot.
ÉMILE DESCHAMPS. Études françaises et étrangères, 4e édition; 1 vol. in-8.
Essais sur la littérature des Hébreux; 4 vol. in-12.
Études de littérature et de morale; 2 vol. in-8.
GOETHE. Son théâtre; 4 vol. in-8.

GRESSET. Ses œuvres choisies; 1 vol. in-8.
HISTOIRE des Proverbes; 3 vol. in-8.
HOMERE. L'Iliade, trad. par Lebrun; 3 vol. in-8.
— L'Odyssée, traduite par Lebrun; 2 vol. in-12.
HORACE complet, édition microscopique, imprimée par Didot; 1 vol. in-72.
— Ses œuvres, traduites par Daru; 2 vol. in-8.
— Ses odes. Traduction de M. Worms de Romilly; 1 vol. in-8.
JUVENAL. Satires, traduites par Dusaulx; 2 vol. in-4. Gr. pap. vél.
LA FONTAINE. Ses œuvres; 1 vol. in-8, figures.
LA HARPE. Cours de littérature; 16 vol. in-8.
LEGOUVÉ. Ses œuvres; 3 vol. in-8, fig.
LEMAIRE. Collection des Classiques latins; 125 vol. in-8.
LEMONTEY. Ses œuvres complètes; 5 vol. in-8.
LE SAGE. Ses œuvres; 12 vol. in-8.
LES mêmes; 16 vol. in-18.
LES mêmes; 14 vol. in-12.
LETTRES de madame de Maintenon; 4 vol. in-8.
LETTRES de madame de Sévigné; 12 vol. in-12.
LES mêmes; 12 vol. in-18.
LETTRES inédites de Marc-Aurèle et de Fronton, traduites du latin par Armand Cassan; 2 vol. in-8.
LEVASSEUR. Préceptes sur l'éloquence; 2 vol. in-12.
MARMONTEL. Ses œuvres complètes; 10 vol. in-8, fig.
MOLIÈRE. Ses œuvres; 7 vol. in-8, fig.
LES mêmes; 2 vol. in-18, fig.
MONTESQUIEU. Ses œuvres complètes; 8 vol. in-8.
LES mêmes, en 1 vol. in-8.
NODIER. (Ch.) Mélanges de littérature; 2 vol. in-8.
POÈTES français; 6 vol. in-8.
QUINAULT. Ses œuvres; 2 vol. in-8, portr.
RABELAIS. Ses œuvres complètes, édition Variorum, avec les remarques de Leduchat, et les Songes drolatiques, etc.; 9 vol. in-8, fig.
— Les mêmes; carré vél.
— Les mêmes; grand pap. vél.
RACINE (J.) Ses œuvres complètes; 4 vol. in-8.
LES mêmes; 1 vol. in-8, pap. vél.
— (Louis). Ses œuvres; 1 vol. in-8.
REGNARD Ses œuvres; 4 vol. in-8.
RÉPERTOIRE du Théâtre-Français; 68 vol. in-18.
— des Théâtres étrangers; 29 vol. in-18.
ROUSSEAU. (J. B.) Ses œuvres; 1 vol. in-8.
— (J. J.) Ses œuvres complètes; 27 vol. in-8, pap. cavalier vélin.
— Collection de 42 vignettes gravées par Forster, Laugier, etc. d'après Devéria.
— OEuvres; 1 vol. in-8.
REVUE française, années 1828, 1829 et 1830; 18 vol. in-8.
SAINTE-BEUVE. Poésies françaises; 2 vol. in-8.
TASSE. Jérusalem délivrée, traduite par Baour Lormian; 3 vol. in-8, pap. vél.
VILLEMAIN. Cours de littérature; 5 vol. in-8.
VIRGILE. L'Énéide, trad. par Durand; 2 vol. in-12.
VOLTAIRE. Ses œuvres complètes (édition Dalibon); 71 vol. in-8, gr. pap. vél.
— Les mêmes; édition de Déterville; 43 vol. in-8.
— Les mêmes; édition de Desoër.
— Les mêmes en 3 vol. in-8.
— Ses poésies; 5 vol. in-8.

HISTOIRE ET MEMOIRES.

ADAMS. Antiquités romaines, traduites de l'anglais. 2 vol. in-12.
ANQUETIL. Esprit de la ligue; 2 vol. in-8.
—L'intrigue du cabinet; 2 vol. in-8.
— Louis XIV, sa cour et le régent, 2 vol. in-8.
— Précis de l'histoire universelle; 12 vol. in-12.
BERLIER. Guerre des Gaules; in-8.
BIGNON. Histoire de France; 6 vol. in-8.
Biographie étrangère, 2 vol. in-8.
BOSSUET. Discours sur l'histoire universelle; 2 vol. in-8.
BRISSOT. Ses Mémoires; 2 vol. in-8.
BUCHON. Chroniques nationales françaises. 47 vol. in-8.
— De Monstrelet; 15 vol. in-8.
— De France; 1 vol. in-8.
Cérémonies du sacre de l'empereur Napoléon; 1 vol. grand in-folio, fig. d'après Isabey.
CHANTREAU. Science de l'histoire; 3 vol. in-4.
CHAUDON et DELANDINE. Dictionnaire historique. (Supplément.) Lyon, 4 vol. in-8.
CHOISEUL (duc de). Ses Mémoires; in-8.
Collections de Résumés sur l'histoire de France, d'Angleterre, d'Espagne, de Hollande, de l'empire Germanique, du Danemark, de la Chine, de la Suède, de la Suisse, de la Russie, du Brésil, de Lombardie, d'Ecosse, de Perse, des Indes-Orientales, des Juifs anciens, des Juifs modernes, de l'Amérique du sud, des Jésuites, des guerres de religion, des Croisades, de Naples, du Bas-Empire, des Indes-Occidentales, des Grecs anciens, des Grecs modernes, de Buenos-Ayres, de Bavière, de l'Ile de France; 53 vol. in-18.
CLAVIER. Histoire des premiers temps de la Grèce; 3 vol. in-8.
Collection de Mémoires sur l'art dramatique; 14 vol. in-8.
BENJAMIN-CONSTANT. Mémoires sur les cent jours; 1 vol. in-8.
CONSTANT. Ses Mémoires sur Napoléon; 6 vol. in-8.
COUSIN. Cours d'Histoire et de Philosophie; 3 vol. in-8.
CUVIER. Recueil d'Éloges historiques; 3 vol. in-8.
DEPPING. Expédition maritime des Normands, 2 vol. in-8.
Description de l'Egypte, publiée par ordre du gouvernement; 25 vol. in-8 de texte, et planches in-fol.
DEVILLENEUVE. Précis de l'Histoire; 2e édition, 1 vol. in-8, pap. vélin.
DUVIVIER. Observations sur la guerre de la succession d'Espagne; 2 vol. grand in-8.
ESNEAUX et CHENNECHOT. Histoire philosophique et politique de Russie; 5 vol. in-8.
FREYTAG (le général). Ses Mémoires; 2 vol. in-8.
GAILLARD. Histoire de la Rivalité de la France et de l'Espagne; 8 vol. in-12.
GALLOIS. Histoire de l'Inquisition d'Espagne; 1 vol. in-18.
— Histoire de Napoléon; 1 vol. in-8.
— Histoire pittoresque de la Révolution française; 4 vol. in-18.
GOETHE. Ses mémoires; 2 vol. in-8.
GUIZOT. Collection des Mémoires sur l'histoire de France; 29 vol. in-8.
— Cours d'Histoire; 6 vol. in-8.
—Histoire des Révolutions d'Angleterre; 2 vol. in-8.
Histoire militaire des Français, par campagnes, depuis le commencement de la Révolution jusqu'à la fin du règne de Napoléon; 8 livraisons in-8.
JOSEPHINE (impératrice). Ses Mémoires; 3 vol. in-8.
KLAPROTH. Tableaux historiques de l'Asie; 1 vol. in-4 et atlas de 29 cartes.
LADVOCAT. Dictionnaire historique des grands hommes; 5 vol. in-8.

LIGNE (Prince de). Ses mémoires, 5 vol. in-8.

MAHUL. Annuaire nécrologique. Années 1821 à 1825; 5 vol. in-8.

MARLÈS. Histoire générale de l'Inde; 6 vol. in-8.

Mémoires du vénitien J. Casanova de Seingalt, extraits de ses manuscrits; 14 vol. in-12.

Mémoires sur la cour d'Elizabeth; 3 vol. in-8.

Mémorial de Chronologie. 2 vol. in-12.

MICALI. Histoire d'Italie et de la domination des Romains; 4 vol. in-8.

MILLOT. Éléments de l'histoire générale; 10 vol. in-12.

MIRABEAU. Ses Mémoires; 4 vol. in-8.

MORERI. Le grand Dictionnaire historique; 10 vol. in-fol.

OEXMELIN et RAVENAU de LUSSAN. Histoire des aventuriers flibustiers qui se sont signalés dans les Indes; 4 vol. in-12, fig.

PASTORET (comte de). Histoire de la chute de l'empire grec; 1 vol. in-8.

PAUSANIAS. Description de la Grèce, traduit du grec par Clavier; 6 vol. in-8.

PICHOT (Amédée). Histoire de Charles-Edouard. 2 vol. in-8.

RAOUL-ROCHETTE. Cours d'Archéologie; 1 vol. in-8.

Révolution du Paraguay; in-8.

RICCI (Scipion de). Ses Mémoires; 4 vol. in-8.

ROBERTSON. Histoire d'Amérique, traduite par de la Roquette; 4 vol. in-8.

— Histoire d'Écosse, traduite par Campenon; 3 vol. in-8.

ROCHEJACQUELIN (madame de la). Ses Mémoires; 1 vol. in-8.

ROVIGO (duc de). Ses mémoires; 8 vol. in-8.

SAINT-MAURICE. Histoire de Napoléon; 4 vol. in-12, figures.

SALLUSTE. Ses œuvres, traduites par Mollevaut; 1 vol. in-8.

SALVANDY. Histoire de Pologne; 3 vol. in-8.

SCHLOSSER. Histoire des révolutions politiques de l'Europe; 2 vol. in-8.

Siècles de la monarchie française; in-fol., figures.

TASTU (Madame Amable). Chroniques de France; 1 vol. in-8.

TERREBASSE. Histoire du chevalier Bayard; 1 vol. in-8.

THÉIS (de). Précis de l'Histoire universelle; 2 vol. in-8.

THIBAUDEAU. Mémoires sur la convention et le directoire; 2 vol. in-8.

— Le même sur le consulat; in-8.

THIERRY. Histoire de la conquête de l'Angleterre par les Normands; 4 vol. in-8.

TOULONGEON. Les Commentaires de César; 2 vol. in-12.

VOLTAIRE. Siècles de Louis XIV et Louis XV; 4 vol. in-8.

WATSON. Histoire du règne de Philippe II, roi d'Espagne, traduit de l'anglais par Dumourier et Mirabeau; 4 vol. in-12.

GÉOGRAPHIE ET VOYAGES.

American Atlas, according to the plan of Lesages atlas. Philadelphia, 1 vol. in-f°.

BARTHÉLEMY. Voyage du jeune Anacharsis, 7 vol. in-8, pap. vélin.

BRETON. L'Espagne et le Portugal, 6 vol. in-18, fig.

BUCHON. Atlas des deux Amériques, in-f°.

CHANTREAU. Tableau de la Grande-Bretagne, 4 vol. in-8.

COULIER. Tables des principales positions géographiques du globe 1 v. in-8.

CREVECOEUR (de). Voyage dans la haute Pensylvanie, 3 vol. in-8.

DENIS (Ferdinand). Buénos-Ayres et le Paraguay, 2 vol. in-18, fig.

Le Brésil, 6 vol. in-18, fig.

La Guyane, 2 vol. in-18, fig.

DUBOIS. Mœurs des peuples de l'Inde, 2 vol. in-8.

DULAURE. Panorama de Paris, 1 vol. in-18, gravures.

DUPATY. Lettres sur l'Italie, 2 vol. in-18.

EYRIÈS. Voyage au Canada, 3 vol. in-8, atlas.

— Voyages modernes, 14 vol. in-8, figures.

GEOFFROY. L'Afrique et le Sénégal, 7 vol. in-18 avec 70 fig.

KOTZEBUE. Voyage en Perse, 1 vol. in-8.

LAMOUROUX. Géographie physique, 1 vol. in-8.

LANGLOIS. Voyage pittoresque en Espagne, in-f° avec planches.

LETTRES sur la Perse, 2 vol. in-8, fig.

— Sur la Suisse par MM. Sazerac, Raoul Rochette et de Golbéry; dessins lithographiés par Villeneuve, in-f°, figures.

Les mêmes, figures sur papier de la Chine.

MALTEBRUN. Dictionnaire géographique, 2 vol. in-16, cartes.

— Voyage à la Cochinchine, 2 vol. in-8 et atlas.

MARCEL DE SERRES. L'Autriche, mœurs et costumes des habitants, 6 vol. in-18, fig.

MARCHAND. Voyage autour du monde; 3 vol. in-4.

MAY (J. B.). Saint-Pétersbourg et la Russie en 1829; 2 vol. in-8.

MILBERT (J). Voyage à l'Ile de France, 2 vol. in-8 et atlas.

MONTAIGNE (Milady). Ses lettres, pendant ses premiers voyages en Europe, en Asie et en Afrique, traduites de l'anglais par P. H. Anson, 2 vol. in-12.

MONTÉMONT (A). Voyages aux Alpes et en Italie, 3 vol. in-18, fig.

NIEBURH. Voyage en Arabie, 4 vol. in-4, fig.

PALLAS. Voyages en Russie, 6 vol. in-4, et atlas.

PANNELIER. L'Hindoustan, ou religion, mœurs, arts et métiers des Hindous, 7 vol. in-18, fig.

PÉRON (cap.). Voyage aux terres australes, 2 vol. in-4, et atlas.

PERTUSIER. Promenades à Constantinople, 3 vol. in-8.

RICARD. Voyage au Japon, 2 vol. in-18, fig.

RUGENDAS. Voyage pittoresque dans le Brésil, traduit de l'allemand par M. de Golbéry, in-f°, fig.

— le même, avec les figures sur pap. de Chine.

SAINT-NON (de). Voyage pittoresque, ou description du royaume de Naples et de Sicile, 5 vol. grand in-f°, fig.

SALT (H). Voyage en Abyssinie, trad. de l'anglais, par Henry; 2 vol. in-8, fig.

SIMOND. Voyage en Italie, 2 vol. in-8.

THIERS. Des Pyrénées et le midi de la France, 1 vol. in-8.

TITHSING. Cérémonies usitées au Japon, 3 vol. in-18, fig.

VOLNEY. Tableau du sol et du climat des États-Unis, 1 vol. in-8.

VOYAGE de l'Inde en Angleterre, 2 vol. in-8, fig.

— A la Mecque, 1 vol. in-8, fig.

— A Smyrne, 2 vol. in-18, fig.

— Dans le Tyrol et la Bavière, 2 vol. in-8, fig.

WALCKENAER. Le Monde maritime, 10 vol. in-18, fig.

NOTICE DES LIVRES

PROPOSÉS

PAR LES LIBRAIRES DE PARIS,

EN ÉCHANGE DE CEUX QUI SE TROUVENT EN TROP GRAND NOMBRE D'EXEMPLAIRES DANS LE DÉPÔT.

THEOLOGIE.

Bible (la Sainte), en latin et en français, nouvelle et très-belle édition in-8°, ornée de 64 gravures, dessinées par Déveria, et gravées par les meilleurs artistes.

Sainte Bible, 24 liv. in-8°.

JURISPRUDENCE MODERNE.

BIRET. Traité du Contrat de mariage, in-8°.
— Traité des Nullités, 2 vol. in-8°.
— Code rural, in-8°.
— Applications au Code civil des Institutes et des cinquante livres du Digeste, 2 vol. in-8°.

BOUCHER. Le Consulat de la mer, ou Pandectes du droit commercial, 2 vol. in-8°.

BOURGUIGNON. Conférences des cinq codes entre eux et les lois, 2 vol. in-8°.

Causes célèbres étrangères, publiées en France pour la première fois, 5 vol. in-8°.

Code de procédure civile, et conférence de ce code avec les lois, 2 vol. in-8°.

Code criminel, avec instructions et formules, 2 vol. in-8°.

COSTAZ. Lois et instructions ministérielles sur les manufactures, 1 vol. in-8°.

DAUBENTON. Traité des contrats et des obligations, 4 vol. in-8°.

DUFOUR. Additions des 5 codes, 2 vol. in-8°.

FAVART DE LANGLADE. Répertoire de la législation du Notariat, 2 vol. in-4°.

Ferrière moderne, ou Nouveau dictionnaire de droit et de pratique, 2 vol. in-8°.

FLEURIGEON. Code de la petite et grande voirie, in-8°.

GRENIER. Traité des donations, des testaments, etc., 2 vol. in-4°.

HORSON. Question sur le code de commerce, 2 vol. in-8°.

HUGO. Histoire du droit romain, 2 vol. in-8°.

LOISEAU. Traité des enfants naturels, 1 vol. in-8°.

PETIT DES ROCHETTES. Esprit de la jurisprudence inédite du conseil d'État, 2 vol. in-8°.

SAINT-EDME. Dictionnaire de la pénalité dans toutes les parties du monde, 5 vol. in-8°.

PHYSIQUE, CHIMIE, BOTANIQUE, HISTOIRE NATURELLE.

Annales forestières, faisant suite au Mémorial forestier; 3 vol. in-8°.

BARRUEL. Tableau de physique, à l'usage des élèves de l'École Polytechnique; grand in-4°.

BRISSON. Dictionnaire raisonné de physique; 6 vol. in-8° et atlas in-4°.

BUFFON (Œuvres de), avec les parties complémentaires, données par Lacépède, Latreille, Mirbel et autres; 127 vol. in-8°, figures.

BOUCHER. Le parfait Économe de la ville et de la campagne; 2 vol. in-8°.

DELALAUSE. Économie rurale et civile; 6 vol. in-8°, fig.

DESROCHES. Traité élémentaire de chimie et de physique; in-8°.

DUHAMEL DU MONCEAU. Traité des arbres fruitiers; 2 vol. in-fol. fig.

— Traité des arbres et arbustes; 7 vol. in-fol. fig.

FÉE. Essai sur la cryptogamie des écorces exotiques officinales; grand in-4°, planches coloriées. — Méthode lichénographique et genera; in-4°, planches.

GAVOTI et TOULOUSAN. Essais sur l'hist. de la nature, 3 vol. in-8°.

Journal de physique, de chimie, d'histoire naturelle et des arts; 96 vol. in-4°, fig.

LASTEYRIE. Le Cotonnier et sa culture; 1 vol. in-8°.

LATREILLE. Familles naturelles du règne animal, 1 vol. in-8°.

LOISELEUR DESLONGCHAMPS. Flora gallica, in-8°.

MILLIN. Éléments d'histoire naturelle; in-8°.

PHILIBERT. Exercices et Dictionnaire de botanique; 3 vol. in-4°, figures coloriées.—Le même ouvrage en 3 v. in-8°.

REDOUTÉ. Le grand ouvrage des Liliacées; 8 vol. in-fol., figures imprimées en couleurs et retouchées au pinceau par les premiers artistes.

— Les roses; 3 vol. in-fol., figures imprimées en couleurs, et retouchées au pinceau.

RIBAUCOURT. Éléments de chimie docimastique; in-8°.

VALMONT DE BOMARE. Dictionnaire d'histoire naturelle; 15 vol. in-8°.

MEDECINE, CHIRURGIE.

ALARD. Du siége et de la nature des maladies; 2 vol. in-8.

— De l'inflammation des vaisseaux absorbants, lymphatiques, etc.; in-8°.

ASTLEY COOPER et TRAVERS. Œuvres chirurgicales, traduites par G. Bertrand; 2 vol. in-8°.

BICHAT. Anatomie pathologique; in-8°.

— Œuvres chirurgicales, ou Exposé de la doctrine de Desault; 3 vol. in-8°.

BOUILLAUD. Traité des fièvres dites essentielles; in-8°.

— Traité pratique, théorique, etc., sur le choléra-morbus de Paris; in-8°.

BOISSEAU. Traité du choléra-morbus; in-8°.

— Nosographie organique ou Traité complet de médecine pratique; 4 vol. in-8°.

BOURDON. Principes de physiologie comparée; in-8°.

CELSE. Traité de la médecine, traduit par Fouquier et Rottier; 1 vol. in-18.

CUVIER. Rapport historique sur les progrès des sciences naturelles; in-8°.
DESGENETTES. Éloges des académiciens de Montpellier; in-8°.
HUFELAND. Traité de la maladie scrofuleuse; in-8°.
HURTREL D'ARBOVAL. Anatomie chirurgicale des principaux animaux domestiques; in-fol.
JOURDAN. Art de prolonger la vie de l'homme; in-8°.
MÉMOIRES de l'Académie royale de Médecine; 2 vol. in-4°.
MÉRAT. Du Tœnia ou ver solitaire; in-8°.
MOREAU DE JONNÈS. Rapport sur le choléra-morbus pestilentiel; in-8°.
PRÉCIS analytique de la doctrine du docteur Gall, 1 vol. in-8°.
RATIER. Traité élémentaire de matière médicale, in-8.
ROBINEAU DESVOIDY. Recherches sur l'organisation vertébrale des crustacées, etc.; in-8°.
ROCHE. De la nouvelle doctrine médicale; in-8°.
SAINTE-MARIE. Lectures relatives à la police médicale; in-8°.
VOISIN. Des causes morales et physiques des maladies mentales; in-8°.

SCIENCES ET ARTS, MATHEMATIQUES, ASTRONOMIE, MARINE.

ABRÉGÉ des Transactions philosophiques, 14 vol. in-8°, avec planches.
ADAMS. Défense des constitutions américaines, traduite par Delacroix, 2 vol. in-8°.
ARBOGAST. Du calcul des dérivations, 1 vol. in-4°.
ARISTOTE. La Morale et la Politique, trad. du grec par Thurot, 4 vol. in-8°.
ARNOULD. De la Balance du commerce, 2 vol. in-8°, et 1 vol. in-4° de cartes et tableaux.
ARTS et MÉTIERS de l'Académie, collection complète, in-fol.
AUBIS. Mémoire sur différentes questions de la science des constructions publiques et économiques, in-4°, planches.
BAGAY. Tables astronomiques et hydrographiques, in-4°.
BARDEL. Éléments d'arithmétique, 1 vol. in-8°.
BAZAINE. Cours de stérométrie appliquée au jaugeage, in-8°.
BEBIAN. Manuel d'enseignement pratique des sourds-muets; 2 vol., dont 1 in 4°.
BÉTANCOURT. Mémoire sur un nouveau système de navigation intérieure, in-4° avec fig.
BIOT et ARAGO. Recueil d'observations géodésiques, astronomiques et physiques, in-4°.
BLOUET. Restauration des termes d'Antonin Caracalla à Rome, grand in-f° orné de 23 planches.
CALLET. Supplément à la trigonométrie sphérique et à la navigation de Bezout, in-4°, fig.
CHOQUET. Traité de perspective linéaire, à l'usage des artistes, 1 vol. in-4°, avec 30 planches gravées.
CLINCHAMP (de). Nouveau traité de la perspective des ombres, 1 vol. in-4°.
COULOMB. Théorie des machines simples; in-4° avec 10 planches.
DEGÉRANDO. Éducation des sourds-muets de naissance, 2 vol. in-8°.
DELAMBRE. Histoire de l'astronomie du moyen-âge, in-4° avec 17 planches.
— Histoire de l'astronomie ancienne, 2 vol. in-4° avec 17 planches.

— Histoire de l'astronomie moderne, 2 vol. in-4° avec 18 planches.

— Traité complet d'astronomie théorique et pratique, 3 vol. in-4° avec 29 planches.

DICTIONNAIRE des découvertes en France depuis 1789 jusqu'à la fin de 1820, 17 vol. in-8°.

DUPIN (Charles). Voyage dans la Grande-Bretagne :
Force militaire.
Force navale.
Travail civil du port.
Force productive, etc., etc., etc., 8 vol in-4°, et 4 atlas in-fol.

— Discours et Leçons sur l'industrie, le commerce, la marine et sur les sciences, 2 vol. in-8°.

DUBOURGET. L'art du calcul astronomique des navigations, in-4°.

DUCREST. Traité d'hydrauférie, ou l'art d'élever l'eau, in-8°.

DUBUAT. Principes d'hydraulique et de pyrodynamique, 3 vol. in-8°.

FABRE. Essai sur la théorie des torrents et des rivières, 1 vol. in-4°, grand pap. fig.

FLACHAT. Canal maritime de Rouen à Paris, 4 vol. in-8° avec cartes.

FRITOT. La Science du publiciste, 11 vol. in-8°.

GALLON. Recueil de machines approuvées par l'Académie, 7 vol. in-4° et planches.

HASSENFRATZ. La Sidérotechnie, ou l'art de traiter les minerais de fer, 4 vol. in-4, avec 66 planches.

— Traité de l'art du charpentier, in-4°.

HISTOIRE et MÉMOIRES de l'Académie des Sciences de Paris, 167 vol. in-4°.

JOLIMONT (DE). Les Mausolées français, recueil des tombeaux les plus remarquables, 1 vol. in-4°, fig.

LABAUME. Recherches asiatiques, revues par MM. Langlès, Cuvier, Delambre et Olivier, 2 vol. in-4°.

LABORDE (ALEX. DE). Monuments de la France établis chronologiquement, 45 livr. gr. in-fol. de 6 pl. chacune.

— Vases grecs, 2 vol. in-fol. de 120 pl.

— Voyage d'Espagne, 4 vol. in-fol., avec un très-grand nombre de planches.

LACROIX. Traité de calcul différentiel et intégral, 2e édition, 3 vol. in-4°.

LALANDE. Bibliographie astronomique, in-4°.

LAPLACE (le marquis de). Ses œuvres, 7 vol. in-4°, fig.

LASTEYRIE. Collection de machines, instruments, ustensiles, constructions, etc., etc., 2 vol. in-4°, avec 200 planches.

LAVIT. Traité de perspective, 2 vol. in-4° avec 110 planches.

LEBLANC et MOLARD jeune. Nouveau système complet de filature de coton, 1 vol. in-4° et atlas.

LEDOUX. L'architecture considérée sous le rapport de l'art, in-f°.

LEGENDRE. Exercices de calcul intégral avec les suppléments ; 3 vol. in-4°.

— Théorie des nombres, 3e édit., 2 v. in-4°.

LESAGE. Mémoires extraits de la bibliothèque des ponts et chaussées, 2 vol. in-4°.

LESCALLIER. Vocabulaire des termes de marine français et anglais, 3 vol. in-4°.

— Traité du gréement des vaisseaux, 2 vol. in-4°, planches.

LÉVEQUE. Traité de mécanique appliquée à la construction et à la manœuvre des vaisseaux, 2 vol. in-4°, planches.

MAYNIEL. Traité expérimental, analytique et pratique de la poussée des terres, in-4°.

MAZOIS. Les Ruines de Pompéi, continué par Gau, architecte; 4 vol. in-fol., fig.

MÉMOIRES de l'Institut, 49 vol. in-4°.

MÉTAPHYSIQUE nouvelle, ou Essais sur le système intellectuel et moral de l'homme, 3 vol. in-8°.

MONTABERT (P. DE). Traité complet de la peinture, 9 gros vol. in-8°, et

1 vol. in-4°, contenant 110 planches gravées.

MONTUCLA. Histoire des mathématiques, 4 vol. in-4°.

MONUMENTS sépulcraux de la Toscane dessinés par Gozzini, et gravés par Scotto, 1 vol. grand in-fol., contenant 72 planches.

NAVIER. Projet pour l'établissement d'une gare à Choisy, in-4° avec 4 planches.

PAIXHANS. Nouvelle force maritime, in-4°, planches.

PERRONET. Description des projets de la construction des ponts de Neuilly, de Mantes, etc., 2 vol. in-4°, dont 1 de planches.

PERTUSIER. La fortification, in-8°.

PRONY. Exposition d'une méthode pour construire les équations indéterminées, in-4°, grand pap.

— Leçons de mécanique analytique, 2 vol. in-4.

QUATREMÈRE DE QUINCY. Monuments et ouvrages d'arts antiques, 2 vol. in-4°, avec planches.

SAINTE-SUZANNE. Traité d'éducation publique et privée dans une monarchie constitutionnelle, 2 vol. in-8°.

SCHMALZ. Économie politique, trad. par Jouffroy, 2 vol. in-8°.

ZIMMERMANN. La Solitude, in-8°.

LITTERATURE.

ARNAULD et LANCELOT. Grammaire générale et raisonnée de Port-Royal, in-8°.

BARBIER. Bibliothèque d'un homme de goût, 5 vol. in-8°.

CAUSSIN DE PERCEVAL. Dictionnaire français-arabe, 2 vol. in-4°.

CHASLES. Tableau de la littérature française au XVIII siècle, in-8°.

COURRIER. Les Pastorales de Longus, traduction complète, in-8°.

COURS de littérature allemande, 2 vol. in-8°.

DICTIONNAIRE anglais et français de Boyer, revu et augmenté par Garner, 2 vol. in-4°, grand papier.

DICTIONNAIRE de l'Académie française, 5e édit., 2 vol. in-4.

FABLES russes de Kriloff, trad. en vers français et italiens par les littérateurs marquants, avec le texte russe, 2 vol. in-8, ornés de 6 gravures.

MACROBE (Œuvres de), traduites pour la première fois en français par Du Rosoy, 2 vol. in-8°.

MALTEBRUN. Mélanges scientifiques et littéraires, 3 vol. in-8°.

MÉTAMORPHOSES d'Ovide, traduction nouvelle par Villeneuve, ornée de 144 gravures, 4 vol. in-8°.

NOEL. Dictionnaire des personnages célèbres de l'antiquité, in-8°.

— Abrégé de la Mythologie universelle, ou Dictionnaire de la fable, in-12.

— Dictionnaire de la fable, ou Mythologie grecque-latine, etc., 2 vol. in-8°.

— Philologie française, ou Dictionnaire étymologique, 2 vol. in-8°.

NOEL et DE LA PLACE. Leçons italiennes de littérature et de morale, 2 vol. in-8°.

NOEL et CHAPSAL. Leçons anglaises de littérature et de morale, 2 vol. in-8°.

NOEL et DE LA PLACE. Leçons grecques de littérature et de morale, 2 vol. in-8°.

— Leçons latines de littérature et de morale, 2 vol. in-8°.

— Conciones poeticæ, ou Discours choisis des poètes latins anciens, in-12.

PAIN. Première Grammaire française proprement dite, in-8°.

RENDU. Cours de littérature espagnole, in-8°.

ROTROU. OEuvres, 5 vol. in-8°.

SCRIPTORES latini principes, recensuit et edid. J.A. Amar. Parisiis, typis P. Didot, 45 vol. grand in-32, papier vélin.

THÉATRE de l'Opéra-Comique, 8 vol. in-18.

VIRGILE (les OEuvres), traduction de René-Binet, 4 vol. in-12.

VOLTAIRE. La Henriade, petit in-fol., imprimé par Didot, sur papier vélin.

HISTOIRE.

AFFAIRES de l'Inde, trad. de l'anglais par E. Soulès, 2 vol. in-8°.

ALIX. Précis de l'histoire de l'empire ottoman, 3 vol. in-8°.

ART de vérifier les dates, depuis 1770 jusqu'à nos jours, 12 vol. in-8.

ART de vérifier les dates, avant J.-C., 5 vol. in-8.

ART de vérifier les dates, depuis J.-C. jusqu'en 1770, 18 vol. in-8.

BIGLAND. Histoire d'Espagne, traduite de l'anglais par Matthieu Dumas, 3 vol. in-8° et atlas.

BIGNON. Histoire de France depuis le 18 brumaire jusqu'à la paix de Tilsit, 6 vol. in-8°.

BRARD. Considérations pour servir à l'histoire du développement moral et littéraire des nations, in-8.

CLARKE. Vie de Jacques, roi d'Angleterre, trad. par J. Cohen, 4 vol. in-8.

CREVIER. Histoire des empereurs, revue par Letronne, 9 vol. in-8° et atlas.

DARU. Histoire de Bretagne, 3 vol. in-8°.

— Histoire de la république de Venise, 8 vol. in-18.

DELORT (Jos.). Histoire de la détention des philosophes et des gens de lettres à la Bastille, 3 vol. in-8°.

ECQUEVILLY. Campagnes sous les ordres du prince de Condé, 3 v. in-8.

ÉPHÉMÉRIDES politiques, littéraires et religieuses, 12 vol. in-8.

HÉRODOTE. Nouvelle traduction, par le comte Miot, 3 vol. in-8°.

KARAMSIN. Histoire de l'empire de Russie, traduite par Thomas Jauffret, 11 vol. in-8°.

LEBEAU. Histoire du Bas-Empire, nouvelle édition, revue par Saint-Martin, 20 vol. in-8°.

LEBRUN DE CHARMETTES. Histoire de Jeanne-d'Arc, 4 vol. in-8.

MÉMOIRES du baron Besenval, 4 v. in-8.

MOULIÈRES. Abrégé chronologique de l'histoire de France, 3 vol. in-12.

OHIER DE GRANDPRÉ. Abrégé de géographie physique, in-8.

PERROT. Collection historique des ordres de chevalerie civils et militaires, 1 vol. in-4 orné de 40 planches.

POIRSON. Statistique générale et particulière de la France et de ses colonies, 7 vol. in-8 et atlas grand in-4.

— Nouvelle géographie élémentaire, 1 v. in-8 et un atlas in-4.

ROLLIN. OEuvres complètes, nouvelle édition, publiées par Letronne, 30 vol. in-8° et atlas.

ROYOU. Histoire ancienne, 4 vol. in-8°.

— Histoire romaine, 4 vol. in-8°.

— Histoire des empereurs romains, 4 vol. in-8°.

— Histoire de France, 6 vol. in-8°.

TABLEAU de la révolution française, ou collection de 223 gravures, 2 vol. in-fol. fig.

VOYAGES.

BOUGAINVILLE, Journal de la navigation autour du globe; 1 vol. in-4°.

BORY DE SAINT-VINCENT. Voyage dans les principales îles des mers d'Afrique; 3 vol. in-8° et atlas in-4°.

BROOKE. Description historique de l'île de Sainte-Hélène, avec des notes par Maltebrun; in-8°.

BROWN. Les Cours du Nord, trad. par Cohen; 3 vol. in-8°.

CHARDIN, Voyage en Perse, etc.; 10 vol. in-8° et atlas in-fol.

CHORIS (Louis), Voyage pittoresque autour du monde; 22 livraisons in-fol.

COLLOT, Voyage dans l'Amérique septentrionale; 2 vol. in-8° et atlas grand in-4°.

COX. Voyage dans l'empire des Birmans, traduit de l'anglais par Chaalons d'Argé; 2 vol. in-8°, fig.

DUPERREY. Voyage autour du monde; 6 vol. in-4° et 4 atlas.

DRALET. Description des Pyrénées; 2 vol. in-8°, fig.

FORTIS, Voyage pittoresque à Lyon; 2 vol. in-8° et atlas in-fol.

LABORDE, Itinéraire descriptif de l'Espagne; 3e édition, 6 vol. in-8° et atlas.

LANGLÈS et JOMARD, Histoire de l'Égypte; 2 vol. in-8° et atlas.

LEYDEN et MURRAY. Histoire compl. des découvertes et voyages faits en Afrique; 4 vol. in-8°.

MAXIMILIEN DE WIED-NEUWIED, Voyage au Brésil; 3 vol. in-8°.

MICHALON. Vues d'Italie et de Sicile, lithographiées par Villeneuve, Le Roi et Rinoux; in-fol.

PERON et FREYCINET. Voyage de découvertes aux terres australes; 2 vol. in 4° et 2 atlas grand in-4°.

PORTERAT. Journal d'un voyage au cap Horn; in-4°.

PACHO. Voyage dans la Marmarique et la Cyrénaïque en 1824 et 1825; in-4° et atlas in-fol.

RICHE. Voyage aux ruines de Babylone, traduit par Raymond; in-8°, fig.

TURNER. Ambassade au Thibet et au Boutan, trad. par Castéra; 2 vol. in-8° et atlas in-4°.

WALCKENAER, Histoire générale des voyages; 60 vol. in-8°.

IMPRIMERIE DE FIRMIN DIDOT FRÈRES
rue Jacob n° 24.

www.ingramcontent.com/pod-product-compliance
Ingram Content Group UK Ltd.
Pitfield, Milton Keynes, MK11 3LW, UK
UKHW032037260826
14628UKWH00007B/3026

9 782014 112160